COLLECTION DE FEU M. ALFRED PIET

VIGNETTES

DES XVIIIE ET XIXE SIÈCLES

POUR ILLUSTRATIONS

ESTAMPES ANCIENNES

PORTRAITS

PLANCHES GRAVÉES

VIGNETTES ET PORTRAITS EN LOTS

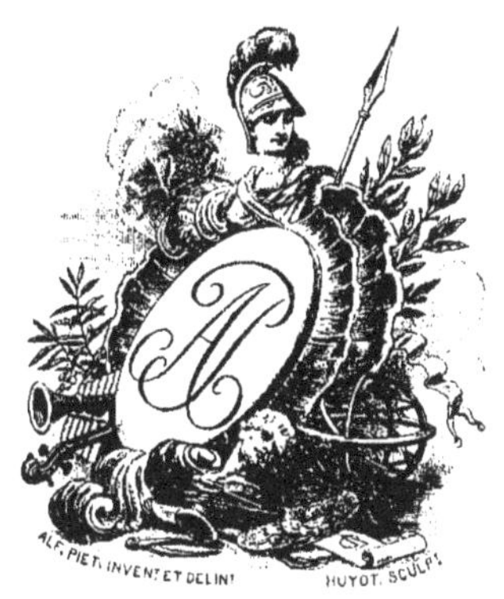

COMMISSAIRES-PRISEURS

Me MAURICE DELESTRE	Me LOUIS NAVOIT
5, rue Saint-Georges, 5	55, rue du Faubourg Montmartre, 55

EXPERT

M. DUPONT aîné, marchand d'Estampes, 15, rue de Seine

CATALOGUE

DE

VIGNETTES

DES XVIIIᵉ ET XIXᵉ SIÈCLES

POUR ILLUSTRATIONS

ESTAMPES ANCIENNES

PORTRAITS

par et d'après : CALLOT, CHODOWIECKI, C.-N. COCHIN
DUPLESSIS-BERTAUX, Ch. EISEN, C.-S. GAUCHER, LE BARBIER
N. LEMIRE, MARILLIER, MOREAU le Jeune, B. PICART ·
AUG. DE SAINT-AUBIN, TARDIEU, etc.

PLANCHES GRAVÉES

GRAVURES DIVERSES, PORTRAITS ET VIGNETTES

EN LOTS

Composant la Collection de feu **M. Alfred PIET**

Ancien Archiviste-Trésorier de la **Société des Amis des Livres**

(QUATRIÈME ET DERNIÈRE PARTIE)

DONT LA VENTE AURA LIEU

HOTEL DES COMMISSAIRES-PRISEURS

Rue Drouot, Salle nᵒˢ 8

Les Lundi 12, Mardi 13 et Mercredi 14 Mai 1902

A DEUX HEURES PRÉCISES

COMMISSAIRES-PRISEURS

Mᵉ MAURICE DELESTRE	Mᵉ LOUIS NAVOIT
5, rue Saint-Georges, 5	55, rue du Faubourg Montmartre, 55

EXPERT

M. DUPONT aîné, marchand d'Estampes, rue de Seine, 15

PARIS — 1902

CONDITIONS DE LA VENTE

Elle sera faite au comptant.

Les acquéreurs paieront *cinq pour cent* en sus des adjudications.

M. Dupont se réserve la faculté de réunir ou de diviser les lots.

ORDRE DES VACATIONS :

Lundi 12 Mai....	*Vignettes*.........	N^{os}	1 à 170
Mardi 13 —.	*d°*		171 à 340
Mercredi 14 Mai.	*Estampes*.........		341 à 486
	Planches gravées..		487 à 493
	Gravures en lots ..		494

DÉSIGNATION

SUITES DE VIGNETTES

ARIOSTE

1 — Figures de Cochin, Eisen, Cipriani et autres, pour *Orlando furioso*, édition de Baskerville, 1773, in-4.

> 61 pièces, la plupart avant la lettre, dont quelques doubles, et 9 à l'eau-forte pure.

2 — Figures de la même suite.

> 37 pièces.

3 — Suite complète des 46 figures de Cochin, pour *Roland furieux*, traduction de d'Ussieux, 1775-1783, in-8.

> Belles épreuves avec les cadres enlevés. — Plus une suite incomplète de 45 figures avec les cadres modifiés pour l'édition in-8.

ARIOSTE

4 — Figures de la même suite.

> 22 pièces du 1er tirage avec grands cadres ; plusieurs sont tachées d'eau.

5 — Les mêmes figures avec modifications de cadres, in-4.

> 22 pièces avant et avec la lettre et 8 à l'eau-forte pure.

ARNAUD (Baculard d')

6 — Vignettes d'après Eisen, pour ses *Œuvres*, in-8.

> 42 pièces, la plupart en très belles épreuves. — Plus 27 en-têtes et culs-de-lampe avec le texte au verso.

BALZAC (de)

7 — Figures, pour la *Peau de chagrin*, in-8.

> 79 pièces tirées hors texte.

BEAUMARCHAIS

8 — Suite complète de 5 figures de Saint-Quentin, gravées par Malapeau et Roy, pour *Le Mariage de Figaro*, 1re édition, 1785, in-8.

> Très belles épreuves du 1er tirage, toutes marges (2 exemplaires.)

9 — Suite complète des 7 figures de Staal, dont 1 portrait, pour les *Œuvres,* édition Garnier, in-8.

> Epreuves avant la lettre sur Chine, marges in-4.

BÉRANGER (P.-J. de)

10 — Suite complète de 24 figures de Lemud, pour *Dernières Chansons* et *Ma Biographie*, édition Perrotin, 1860, in-8.

> Très belles épreuves avant la lettre, marges in-4. — Plus
> 2 portraits de Béranger avant la lettre, dont celui en tête
> de l'édition.

BERNARDIN DE SAINT-PIERRE

11 — Vignettes diverses, pour *Paul et Virginie,* in-8 et in-4.

> 35 pièces dont plusieurs avant la lettre et à l'eau-forte
> pure.

12 — Figures diverses.

> 50 pièces avant et avec la lettre.

BERQUIN

13 — Figures de Marillier, pour les *Idylles* et les *Romances*, édition Ruault, 1775, in-18.

> 27 pièces, dont 8 avant les n°°. — Plus 14 figures de
> Borel, pour l'*Ami des Enfants*, avant la lettre, toutes marges.

BOCCACE

14 — Culs-de-lampe de Gravelot, pour *Il Decame-rone*, édition de Londres, 1757, in-8.

    22 pièces en tirage hors texte dont plusieurs sont remar-gées. — Plus 14 figures galantes.

BOILEAU

15 — Suite complète des vignettes, titres, en-têtes et culs-de-lampe de Bernard Picart, pour les *Œuvres*, publiées à La Haye, 1722, in-12.

    50 pièces avec texte au verso.

16 — Suite complète de 77 figures d'Eisen, pour les *Œuvres*, édition Coignard, 1747, in-8.

    Épreuves avec le texte au verso.

17 — Fleurons et culs-de-lampe par Bernard Picart, pour les *Œuvres*, in-4.

    1 vol. cart., contenant 59 pièces en tirage hors texte. — Plus la suite de Moreau, pour le *Lutrin*, édition Renouard.

18 — Suite complète des 8 figures de Monnet et Lor-don, gravées par Dupréel, pour les *Œuvres*, in-12.

    Épreuves avant la lettre, remontées in-8.

19 — Suite complète de 10 figures d'après Horace Vernet, Hersent et autres, pour les *Œuvres*, édition Blaise, in-8.

> Exemplaire en double état avant et avec la lettre. — Plus 5 eaux-fortes et 2 épreuves d'état.

20 — La même suite complète.

> Epreuves avec la lettre et lettres grises. — Plus 23 pièces, dont plusieurs doubles, avant la lettre, épreuves d'essai et à l'eau-forte pure.

21 — Suite complète des 6 figures de Cochin, pour le *Lutrin*, 1747, in-8.

> Très belles épreuves. — Plus 4 pièces non terminées.

22 — Suite complète des 8 figures de Monsiau et 1 portrait, pour le *Lutrin* et l'*Art poétique*, édition Crapelet, 1798, in-4.

> Très belles épreuves toutes marges. — Plus 3 doubles dont 2 avant la lettre.

23 — Suite complète de 6 figures de Moreau et 1 portrait par Saint-Aubin, pour le *Lutrin*, 1807, in-8.

> Epreuves en deux états : avant la lettre, toutes marges, et avec la lettre du 1ᵉʳ tirage.

24 — Suite complète des 6 figures de Bernard Picart et 1 portrait gravés par R. Delaunay, pour le *Lutrin*, in-8.

> Belles épreuves avec la lettre ; plus le portrait avant la lettre et à l'eau-forte pure, grandes marges. — On y a joint la suite complète des 6 figures de B. Picart, 1722, in-12, et la suite de Chereau, 1716, in-8.

BOILEAU

25 — Suite complète des 6 figures de Desenne et
1 portrait, pour le *Lutrin*, 1821, in-8.

> Epreuves avant la lettre, toutes marges. — Plus la suite
> des 7 figures de Choquet et 1 portrait pour le même ou-
> vrage, en épreuves avant la lettre.

26 — Suite complète de 6 figures de Staal et 1 portrait, pour le *Lutrin*, édition Garnier, in-8.

> Epreuves avant la lettre sur Chine, marges in-4.

27 — Suite complète de 6 figures d'après Cochin et
1 portrait pour le *Lutrin*, édition Lemerre,
in-16.

> Epreuves avant la lettre sur Chine volant.

BOUFFLERS (le Chev. de)

28 — Figures dessinées par Lynch et gravées par
Gaujean, pour *Aline*, reine de Golconde, publiée par la Société des Amis des Livres, 1888,
in-8.

> 11 pièces en noir et en couleurs en tirage hors texte sur
> Japon (manquent 4 pièces pour que la suite soit com-
> plète). — Plus une double en épreuve d'essai. Très rares.

CAZOTTE

29 — Suite complète des 12 figures de Lefebvre,
pour *Ollivier*, édition Didot, 1798, in-18.

> Très belles épreuves avant la lettre, toutes marges. —
> Plus 6 eaux-fortes pures.

30 — La même suite complète.

> Epreuves avant la lettre, toutes marges. Les figures 1
> et 2 sont remplacées par des eaux-fortes pures.

31 — Suite complète de 2 frontispices d'après Cochin,
pour les *Œuvres badines*, 1776, in-8.

> Belles épreuves. — Plus la suite complète des 6 figures
> de Chaillon, dont deux réduites, in-18, et 5 autres pièces.

CERVANTES

32 — Suite complète des 24 figures de Coypel, gravées par Folkema, pour *Don Quichotte*,
publiée à La Haye, 1744, in-8.

> Très belles épreuves du 1er tirage avec la légende en
> espagnol.

33 — Suite complète des 31 figures d'après Coypel,
Boucher, B. Picart et autres, pour *Don Quichotte*, in-8.

> Belles épreuves à toutes marges.

34 — Suite complète des 33 figures de Ximéno,
Navarro, Camaron et autres, et 3 cartes,
pour *Don Quichotte*, publié à Madrid, 1797,
in-8.

> Epreuves avant la lettre, remontées.

35 — Suite complète des 8 figures de Denon et 1 portrait, pour les *Aventures de Don Quichotte*,
in-12.

> Epreuves avant la lettre sur Chine imprimées en noir,
> en rouge et en bleu le portrait manque en noir. — Plus
> 3 eaux-fortes pures.

CERVANTES

36 — Suite complète des 12 figures d'Horace Vernet et Eugène Lami, pour *Don Quichotte*, édition Méquignon-Marvis, 1822, in-8. — Suite complète des 10 figures d'après Charlet et 1 portrait, publiés par Marlin, 1831, in-12.

> Ces 2 suites sont avant la lettre, plus 2 eaux-fortes de la première. On a ajouté 6 autres figures avant la lettre à deux sur la feuille.

37 — Suite complète de 6 figures de Deveria dont 1 portrait, pour *Don Quichotte*, édition Delong-champs, 1825, in-8.

> Epreuves avant la lettre avec 2 épreuves d'essai. — Plus la suite des 12 figures par H. Vernet et Eug. Lami aussi avant la lettre et quelques épreuves d'états.

38 — Suite de 17 figures de Banks, Stothard et autres, pour *Don Quichotte*, in-8.

> Epreuves à l'eau-forte pure, remontées in-4. — Plus 1 portrait.

39 — Vignettes tirées de différentes suites.

> 34 pièces.

CHEVIGNÉ (le Comte de)

40 — Suite complète des 6 figures d'après Worms, par Flameng et 1 portrait, pour les *Contes Ré-mois*, édition Jouaust, in-8.

> Epreuves avant la lettre sur Chine volant. — Plus 2 portraits minuscules.

CORMENIN

41 — Suite complète de 27 portraits, pour le *Livre des Oraleurs*, in-8.

> Belles épreuves avant la lettre sur Chine, toutes marges.

CORNEILLE (P.)

42 — Suite des 35 vignettes d'après Gravelot, édition de 1764, in-8.

> Belles épreuves, petites marges. — Plus une pièce en contre-partie.

43 — La même suite complète ; figures retournées.

> Belles épreuves.

44 — Suite complète des 24 figures de Moreau et 2 portraits, pour les *Œuvres*, édition Renouard, in-8.

> Très belles épreuves avant la lettre, toutes marges. Les portraits sont avec la lettre.

45 — La même suite complète.

> Epreuves avant la lettre.

46 — Figures de la même suite.

> 17 pièces dont 13 avant la lettre et 4 à l'eau-forte pure.

CORNEILLE (P.)

47 — Suite complète de 12 figures de St..al dont un portrait, pour les *Œuvres*, édition Garnier, in-8.

Epreuves avant la lettre sur Chine, marges in-4.

48 — Vignettes diverses.

60 pièces, avant et avec la lettre.

COTTIN (Mme)

49 — Suite complète des 5 figures de Westall, pour *Elisabeth*, publiée à Londres, en 1817, in-12.

Très belles épreuves sur Chine, toutes marges. — Plus la suite des 22 figures de Devéria, pour les *Œuvres*, in-18, à l'eau-forte pure.

CRÉBILLON

50 — Suite complète de 10 figures de Marillier dont un portrait, pour les *Œuvres complètes*, 1785, in-8.

Epreuves avant la lettre (moins le portrait. — On y a joint une suite avec la lettre et la suite des 9 figures de Devéria, publiée dans la *Bibliothèque française*, avant la lettre, in-18.

51 — Suite complète de 10 figures d'après Monnet et un portrait, pour les *Œuvres*, in-8.

Epreuves avant la lettre, remontées.

DELILLE (J.)

52 — Suite complète des 4 figures de Monsiau, pour
   la Pitié, 1803, in-8.

> Belles épreuves avec un cadre orné. — Plus 3 pièces avant
> la lettre et avant le cadre et le frontispice avant la lettre.

DEMOUSTIER

53 — Suite de 36 figures de Moreau, pour les *Lettres
   à Emilie sur la Mythologie*, édition Renouard,
   1809, in-8.

> Epreuves avant la lettre.

DÉSORMEAUX

54 — Figures, pour l'*Histoire de la Maison 'e Bour-
   bon*, in-4.

> 71 pièces, savoir : 30 en-têtes de Moreau en tirage hors
> texte. — 32 fleurons et culs-de-lampe de Choffard, tirés
> hors texte, et 9 portraits.

DIDEROT

55 — Suite des 5 figures de Lebarbier et 1 portrait,
   pour *La Religieuse*, in-8.

> Epreuves avant la lettre (manque une pièce).

DIVERS

56 — Figures tirées des Œuvres de Cervantes, P.
Corneille, Fénelon, Gessner, J.-J. Rousseau,
Voltaire, in-8.

> 1 vol. cart. contenant 64 planches.

57 - En-têtes de pages, pour les *Petits Conteurs,*
in-18.

> 119 pièces dont 6 avant la lettre, tirés hors texte.

58 — Vignettes de Lefebvre, pour différents ouvrages, in-18.

> 12 pièces dont 5 avant la lettre et 4 à l'eau-forte pure.

59 — Frontispices du XVIIIe siècle, in-8 et in-4.

> 13 pièces, dont 9 avant la lettre et 3 à l'eau-forte pure.

60 — En-têtes de pages.

> 43 pièces en tirage hors texte, dont 6 à l'eau-forte pure.

61 — En-têtes et culs-de-lampe.

> 15 pièces tirées hors texte.

62 — Fleurons et culs-de-lampes.

> 64 pièces tirées hors texte.

63 — Armoiries.

> 12 pièces en tirage hors texte dont 3 à l'eau-forte pure.

64 — Vignettes tirées de différents ouvrages.

> 42 pièces à l'eau-forte pure.

65 — Vignettes diverses.

> 46 pièces avant la lettre.

DORAT

66 — Frontispices et vignettes d'Eisen, tirés de ses *Œuvres*, 1770, in-8.

> 59 pièces, belles épreuves, dont 2 titres avant la lettre.

67 — En-têtes et culs-de-lampe d'Eisen, pour les *Baisers*, in-8.

> 69 pièces avec texte au verso.

DUCIS

68 — Estampes tirées de la *Vie du Tasse*, in-8.

> Suite de 4 pièces en 4 états : Eau-forte pure, avant la lettre sur Chine et sur blanc et avec la lettre.

DUCLOS

69 — Suite complète des 10 figures d'après Boucher, pour *Acajou et Zirphile*, in-4.

> Belles épreuves, toutes marges (manque une pièce).

DUMAS (Alex.)

70 — Figure formant cul-de-lampe, pour la *Dame aux Camélias*, gravée par Gaujean, in-4.

> 5 épreuves en états différents, tirées hors texte sur Japon.

DU ROSOI

71 — Figures de Eisen et Wille, pour les *Sens*, 1766, in-8.

> Suite de 7 vignettes, les 6 en-têtes tirés hors texte et le cul-de-lampe du *chant* II. — On y a joint les Cinq Sens d'après Téniers, in-4.

FAVART et de FALBAIRE

72 — Figures de Martinet et Gravelot, pour *Les Moissonneurs, Cythère assiégée, Les deux Avares, Le Déserteur*, in-8.

> 26 pièces.

FÉNELON

73 — Suite complète des 25 figures de Sperling, pour *Télémaque*, édition hollandaise, in-4.

> Très belles épreuves.

74 — Figures de Boucher, Boizot, Monnet et autres, pour *Télémaque*, in-4 en travers.

> Suite de 22 pièces avec la légende gravée, en 1 vol. br. — Plus 8 pièces tirées avant que les armes aient été effacées.

75 — Suite complète des 6 figures de Cochin et 1 frontispice, pour l'édition gravée par Drouet, 1776, in-8.

    Belles épreuves, avec 6 doubles. — Plus 2 en-têtes et 1 cul-de-lampe en tirage hors texte et défets de texte.

76 — Figures de Moreau, pour *Télémaque,* édition Didot, 1790, in-8.

    24 pièces à l'eau-forte pure, grandes marges, dont 2 en double.

77 — Figures de la suite de Lefèvre, édition de 1795, in-18.

    21 pièces avant la lettre et 9 à l'eau-forte pure, toutes marges.

78 — Doubles de la même suite.

    33 pièces avant la lettre et une à l'eau-forte pure.

79 — Suite complète des 24 figures de Quéverdo et 1 portrait par Gaucher, pour les *Aventures de Télémaque,* édition Bleuet, 1796, in-18.

    Belles épreuves avant la lettre, grandes marges. — Plus 22 pièces à l'eau-forte pure.

80 — Suite complète des 24 figures de Monnet et 1 portrait, pour les *Aventures de Télémaque,* in-8.

    Belles épreuves avant la lettre, toutes marges.

81 — Figures de Monnet, gravées par Tilliard, in-4.

    34 vignettes et 12 têtes de chapitres, toutes marges.

FÉNELON

82 — Suite complète des 24 figures de Pariset et
1 frontispice, pour *Télémaque*, in-4.

> Epreuves en deux états : Eau-forte pure et avant la

83 — Suite complète des figures de Moreau et
1 portrait, pour *Télémaque*, édition Renouard,
in-8.

> Belles épreuves du 1er tirage sur papier vergé. — Plus
> une planche inédite.

84 — La même suite complète.

> Epreuves du 1er tirage. — Plus la suite complète des
> 24 figures de Marillier.

85 — Figures de la même suite.

> 9 pièces avant la lettre et 10 à l'eau-forte pure.

FEYDEAU (Ernest)

86 — Suite complète de 10 figures et 1 frontispice de
Chauvet, pour *Souvenirs d'une cocodette*, in-8.

> 2 exemplaires avant la lettre dont un sur Chine volant.

FIELDING

87 — Suite complète des 12 figures de Moreau, pour
Tom Jones, édition Didot, 1833, in-8.

> Epreuves avec la lettre sur Chine — Plus 10 pièces
> avant la lettre et 13 à l'eau-forte pure dont plusieurs en
> double.

FLORIAN

88 — Suite complète des 42 figures dont 1 portrait
d'après Marillier, Monnet, Quéverdo, pour
les *Œuvres,* in-8.

> Très belles épreuves avant la lettre, toutes marges. —
> Plus 3 eaux-fortes pure et 4 pièces avant la bordure. On y
> a joint un portrait de Cervantes par Gaucher, avant la
> lettre.

89 — La même suite complète.

> Belles épreuves avec la lettre.

90 — Figures de la même suite.

> 40 pièces avant la lettre et 2 avec la lettre.

91 — Suite de 48 figures de Moreau et Desenne, pour
les *Œuvres,* édition Renouard, in-12.

> Très belles épreuves avant la lettre sur Chine, toutes
> marges.

92 — Figures de la même suite.

> 66 pièces avant la lettre sur blanc, toutes marges.

FOÉ (de)

93 — Suite complète des 18 figures de Stothart,
1 portrait et 3 titres, pour *Robinson Crusoé,*
édition Verdière, in-8.

> Très belles épreuves, toutes marges. — Plus 21 pièces
> doubles.

FROMAGEOT

94 — Suite complète de 4 figures de Moreau tirées
des *Annales du règne de Marie-Thérèse*, édition Prault 1775, in-8.

> Très belles épreuves avec marges ; plus une double.

GÉRARD (l'Abbé)

95 — Suite complète des 6 figures d'après Moreau,
pour le *Comte de Valmont*, édition Bossange,
1807, in-8.

> Belles épreuves avant la lettre, marges.

GESSNER

96 — Suite complète de 12 figures de Marillier et
1 portrait, pour les *Œuvres,* édition Cazin,
in-18.

> Epreuves avant la lettre, toutes marges. — Plus une
> pièce en contre-partie.

97 — La même suite complète.

> Epreuves avant la lettre, toutes marges.

98 — Suite de 45 figures de Moreau, pour les *Œuvres,* édition Renouard, in-8.

> Epreuves avant la lettre (manque 6 pièces pour que la
> suite soit complète). — Plus 39 doubles aussi avant la
> lettre.

99 — Figures de Moreau, pour les *Œuvres*, in-12.

> 77 pièces avant la lettre et 8 à l'eau-forte pure ; quelques doubles.

100 — Vignettes et fleurons d'après Le Barbier, in-4.

> 53 pièces.

101 — Suite complète de 11 figures de Le Barbier, pour la *Mort d'Abel*, in-4.

> 15 suites avant les nᵒˢ, toutes marges.

GOLDSMITH

102 — Figures de Stothard, pour le *Vicaire de Wakefield*, in-8.

> 6 pièces avant la lettre, remontées. Très rares.

GRAFFIGNY (Mᵐᵉ de)

103 — Suite complète de 8 figures de Lefebvre et un portrait gravé par Delaunay, pour les *Lettres d'une Péruvienne,* édition Didot, 1797, in-18.

> Très belles épreuves avant la lettre, toutes marges, sauf une pièce qui est remontée. — Plus 3 eaux-fortes pures.

104 — Figures de la même suite.

> 7 pièces avant la lettre, remontées (manque une pièce). — Plus 10 pièces doubles aussi avant la lettre.

HAMILTON

105 — Suite complète des 8 figures de Choquet, pour les *Mémoires de Grammont*, in-18.

> Epreuves en deux états : Eau-forte pure et avant la lettre, plus 6 doubles. — On y a joint la suite des 4 figures de Desenne ; eau-forte pure et avant la lettre (moins l'eau-forte d'une pièce).

106 — Figures de Moreau, pour les *Quatre Facardins*, in-8.

> 2 pièces avant la lettre, toutes marges, plus 3 doubles.

HÉNAULT (le Président)

107 — Suite complète des 30 figures allégoriques de l'*Histoire de France*, d'après Cochin, plus 1 titre et 1 portrait, in-4.

> Très belles épreuves, toutes marges (moins une).

108 — La même suite complète.

> Belles épreuves, toutes marges.

109 — La même suite complète.

> Belles épreuves.

110 — Figures de la même suite.

> 83 pièces ; plusieurs doubles.

HOMÈRE

111 — Suite complète des 24 figures de Marillier et
1 portrait, pour les *Œuvres complètes*, 1786,
in-4.

> Très belles épreuves avant la lettre, toutes marges.

112 — Figures de la même suite.

> 17 pièces avant la lettre, grandes marges. — Plus 10
> figures de la suite de Cochin.

113 — Figures de la même suite.

> 33 pièces avec la lettre, toutes marges.

HORACE

114 — Suite des 12 figures de Percier en forme de
frises, pour les *Œuvres*, in-8.

> Belles épreuves, toutes marges. Rares.

IMBERT

115 — Figures de Moreau, pour le *Jugement de Paris*,
les *Historiettes et Nouvelles en vers* et les *Bien-
faits du Sommeil*, in-8.

> 6 pièces dont une avant la lettre, tirée hors texte et une
> à l'eau-forte pure.

116 — Suite complète de 2 figures de Moreau, pour
Les Egarements de l'Amour, in-8.

> Belles épreuves avant la lettre, grandes marges.

JANIN (Jules)

117 — Suite complète de 18 gravures d'après Eugène
Lami, pour l'*Eté à Paris*, in-4. — Suite de
18 gravures, pour l'*Hyver à Paris*.

Ensemble 36 pièces du 1ᵉʳ tirage.

JOUŸ (Etienne de)

118 — Collection de 72 figures rondes avec encadrement, d'après Desenne, Devéria, Choquet et
autres, pour les *Œuvres*, édition Pillet, 1815-
1825, in-8.

Très belles épreuves avant la lettre.

LABORDE (de)

119 — Vignettes tirées des *Chansons*, in-8.

12 pièces dont une avant la lettre.

LA BORDE (de), GUETTARD, etc.

120 — Suite complète de 10 figures d'après Cochin,
pour *Description générale et particulière de la
France*, 1780, in-folio.

Epreuves à l'eau-forte pure avant les cadres, toutes marges. — Plus 7 pièces avec la lettre.

LA BRUYÈRE

121 — Suite complète des 33 figures sur bois, d'après Penguilly, pour les *Caractères*, in-4.

Epreuves de tirage à part sur Chine monté.

LACRÉTELLE

122 — Suite de 6 figures d'après Moreau, pour les *Précis de la Révolution*, in-18.

Très belles épreuves, plus 3 avant la lettre. — On y a joint 10 pièces d'après Monnet, pour un Almanach historique de la Révolution : épreuves avant la lettre.

LA FONTAINE

123 — Figures de Moreau, pour les *Œuvres*, édition Lefèvre, 1822, in-8.

40 pièces avant la lettre ; quelques doubles.

124 — Figures de la même suite.

53 pièces avant et avec la lettre, plusieurs doubles.

125 — Figures de la même suite.

40 pièces avant la lettre.

126 — Figures de la même suite, éditions de 1814 et 1822.

30 pièces à l'eau-forte pure et épreuves d'essai ; plusieurs doubles.

LA FONTAINE

127 — Suite complète des 12 figures de Tony Johannot et un portrait, pour les *Œuvres*, édition
Furne, in-8.

> Epreuves en deux états : Eau-forte pure (sauf le portrait
> qui n'existe pas en cet état), et avant la lettre, marges
> in-4.

128 — La même suite complète.

> Epreuves avant la lettre sur Chine. — Plus la suite à
> l'eau-forte pure, moins 2 pièces qui sont avec la lettre.

129 — Figures de la même suite.

> 10 pièces avant la lettre, 10 à l'eau-forte pure et 3 avec
> la lettre.

130 — Lithographies par Carle et Horace Vernet et
H. Lecomte, pour les *Œuvres*, publiées par
Engelmann en 1818, in-folio.

> 104 pièces.

131 — Suites complètes des 12 figures et 1 portrait,
par Devéria, pour les *Œuvres*, édition Igo-
nette, 1825, in-8.

> Epreuves en trois états : Eaux-fortes pures remontées,
> avant la lettre sur Chine, toutes marges et avec la lettre.

132 — Suite complète des 12 figures de Desenne dont
1 portrait, pour les *Œuvres*, in-18.

> Epreuves avant la lettre; plus 5 doubles.

133 — Suite complète des 19 figures de Staal, pour
les *Œuvres*, in-8.

> Belles épreuves avant la lettre sur Chine, marges in-4.

134 — Figures d'Oudry, pour les *Fables*, in-fol.

> 27 pièces.

135 — Suite des 276 figures de Punt, pour les *Fables*,
. publiées à Amsterdam, 1803, in-8.

> Très belles épreuves du 1ᵉʳ tirage avec la lettre grise,
> sauf le frontispice qui est du 2ᵉ tirage.

136 — Suite complète des 12 figures de Moreau, pour
les *Fables*, édition Lefèvre, 1814, in-8.

> Epreuve en deux états : avant et avec la lettre, toutes
> marges.

137 — Suite complète des 12 figures de Bergeret,
pour les *Fables*, 1818, in-8.

> Très belles épreuves avant la lettre. grand papier —
> Plus 7 pièces à l'eau-forte pure.

138 — La même suite complète.

> Epreuves avant la lettre, marges in-4.

139 — La même suite complète.

> Epreuves en deux états : avant la lettre sur Chine et
> avec la lettre, toutes marges. — Plus la suite de 6 figures
> du même, réduction in-24 en trois états : eau-forte pure,
> avant et avec la lettre.

LA FONTAINE

140 — Figures de la même suite.

> 10 pièces avant la lettre et 9 à l'eau-forte pure. — Plus 6 pièces de la réduction in-24.

141 — Suite complète des 12 figures de Percier, en forme de frises, gravées par Girardet, pour les *Fables*, in-8.

> Epreuves en noir et en bistre, sur Chine volant, et 10 pièces avant la lettre et à l'eau-forte pure. — Plus la suite de 2 vignettes gravées par le même : *Les deux Amis et l'Ours* et les *Deux Besaces* en trois états différents.

142 — Suite complète des 275 figures de Vivier gravées par Simon et Coiny, pour les *Fables*, in-18.

> Epreuves du 1ᵉʳ tirage avant les nᵒˢ.

143 — Suite complète des 60 figures de Desrais, Desenne, Chasselat et autres, pour les *Fables*, édition Nepveu, in-18.

> Epreuves en deux états : Eaux-forte pure en bistre et avant la lettre en noir. — Plus 38 pièces coloriées.

144 — Suite de 12 figures gravées à l'eau-forte, pour les *Fables*, édition dite des douze peintres, in-8.

> Epreuves avant la lettre (moins une pièce qui est avec la lettre).

145 — Suite complète des 80 figures d'Eisen et 2 portraits, pour les *Contes,* édition dite des Fermiers généraux, 1762, in-8.

> Très belles épreuves, toutes marges (les figures du
> *Diable de Papefiguière* et du *Cas de conscience* sont décou-
> vertes).

146 — La même suite complète.

> Belles épreuves, la plupart à toutes marges (manque les
> 2 portraits). — 2 figures sont découvertes.

147 — La même suite complète.

> Belles épreuves (quelques-unes sont plus courtes de
> marges, les 2 portraits manquent et la figure du *Petit
> Chien* est celle refusée). 2 figures sont découvertes.

148 — Fleurons, en-têtes et culs-de-lampe de Choffard,
pour la même édition, 1762, in-8.

> 42 pièces en tirage hors texte ; quelques doubles.

149 — Figures refusées des *Contes,* de l'édition des
Fermiers généraux, 1762, in-8.

> 50 pièces, compris la figure acceptée qui est en regard
> et plusieurs découvertes.

150 — Figures refusées pour les *Contes,* édition des
Fermiers généraux : On ne s'avise jamais de
tout — La servante justifiée — Le calendrier
des vieillards — Le Savetier — Le cas de
conscience, découverte.

> Ensemble 268 pièces en nombre.

LA FONTAINE

151 — Fleurons et culs-de-lampe pour les *Contes,*
édition de 1764, in-8.

> 57 pièces en tirage hors texte.

152 — Suite complète de 61 fleurons et culs-de-lampe
d'après Choffard, pour l'édition des *Contes,*
1764, in-8.

> Epreuves hors texte; d'un tirage postérieur.

153 — Suite complète des 80 figures d'après Eisen,
2 titres et 1 portrait, pour les *Contes,* édition
de 1777, in-8.

> Belles épreuves, toutes marges.

154 — Suite complète des 20 figures de Fragonard et
Touzé, pour les *Contes,* édition Didot, in-4.

> Belles épreuves à toutes marges (moins la dernière qui
> est rognée).

155 — La Fiancée du Roi de Garbe, 1re planche —
Le Paysan qui a offensé son Seigneur — Le
Glouton.

> 5 pièces dont une avant le n° et une sans marge. —
> Plus 6 pièces d'un tirage postérieur.

156 — Figures diverses, pour les *Contes,* in-4 et
in-folio.

> 16 pièces.

157 — Figures de Duplessis-Bertaux, pour les *Contes et Nouvelles*, édition Cazin, 1778, in-18.

71 pièces en réimpression hors texte.

158 — Suite de 106 figures par Desrais, Duplessis-Bertaux, Desenne, Chasselat et autres, pour les *Contes et Nouvelles*, édition Nepveu, 1820, in-8.

Epreuves avant la lettre à toutes marges (26 pièces sont avec différences ou épreuves découvertes).

159 — Figures de la même suite.

57 pièces à l'eau-forte pure.

160 — Figures pour les *Contes* et *Psyché*, édition Nepveu, in-18.

63 pièces, la plupart avant la lettre.

161 — Suite complète de 88 figures, en-têtes de pages de Duplessis-Bertaux, pour les *Contes*, tirage de Leclère, in-8.

Epreuves tirées hors texte.

162 — Suite complète de 38 figures de Lancret, Pater, Eisen, etc., et de 2 fleurons, pour illustrer les *Contes*, édition Lemonnyer, in-4.

Epreuves avec la lettre.

LA FONTAINE

163 — Suite complète des 20 figures de Fragonard et
Touzé, 1 portrait et 1 fleuron de titre pour les
Contes, réduction par T. de Mare, in-18.

> Epreuves du 1er état à l'eau-forte pure sur Japon, marges
> in-4.

164 — Suite de 30 figures de Fragonard et Touzé, re-
produites par l'héliogravure, in-4.

> Epreuves du 1er état de morsure à l'eau-forte.

165 — Suite complète de 40 figures d'après Fragonard,
Lancret, Pater et autres et 1 portrait pour les
Contes, édition Lemerre, in-16.

> Epreuves sur papier de Hollande.

166 — Suite complète de 8 figures de Moreau et
1 portrait, pour les *Amours de Psyché et de
Cupidon*, édition Saugrain, 1797, in-12.

> Très belles épreuves avant la lettre. — Plus 10 autres
> pièces.

167 — Figures de Moreau, pour *Psyché*, in-8.

> 6 pièces dont 2 avant la lettre et 1 à l'eau-forte.

168 — Suite complète de 32 gravures au trait d'après
Raphaël, pour l'*Histoire de Psyché*, in-4.

> Epreuves à toutes marges. — Plus 25 pièces de la suite
> ancienne.

169 — Vignettes et gravures diverses, pour *Psyché* et
Adonis.

    53 pièces, dont plusieurs avant la lettre.

LA HARPE

170 — Suite complète de 4 figures et 1 frontispice de
Marillier, pour *Tangu et Félime*, in–12.

    Très belles épreuves, toutes marges. — Plus 60 figures
à l'eau-forte pure, pour une *Histoire des Voyages*, in–12.

LAMARTINE

171 — Suite complète des 5 figures d'après Desenne
et 1 portrait, pour les *Œuvres*, publiées par
Jules Boquet, 1826, in–8.

    Epreuves en double état : Eaux-fortes pures et avant la
lettre sur Chine.

LA PLACE (de)

172 — Suite complète de 22 figures d'après Borel,
pour les *Romans et Contes imités de l'Anglais*,
1780, in–8.

    Très belles épreuves du 1er tirage, grandes marges. —
Plus 6 pièces avant la lettre.

LEGOUVÉ

173 — Suite complète de 3 figures par Boizot, pour
la *Mort d'Abel*, 1792, in–8.

    Epreuves avant la lettre toutes marges. — Plus 1 fleu-
ron pour le *Mérite des Femmes*.

LEGRAND D'AUSSY

174 — Suite complète des 18 figures de Moreau et
Desenne, pour les *Fabliaux*, publiés par Renouard en 1829, in-8.

> Très belles épreuves avant la lettre, toutes marges. —
> Plus 6 pièces à l'eau-forte pure et 10 doubles avant la
> lettre.

LÉONARD

175 — Suite complète des 8 figures de Moreau, pour
les *Lettres d'Héloïse et d'Abailard*, in-4.

> Très belles épreuves en deux états : avant et avec la
> lettre, toutes marges. — Plus 6 eaux-fortes pures.

176 — La même suite complète.

> Epreuves en deux états : avant la lettre (une pièce est
> remargée) et avec la lettre.

177 — La même suite complète.

> Belles épreuves avant la lettre, grandes marges. — Plus
> 5 doubles dont 2 à l'eau-forte.

LE SAGE

178 — Suite complète des 34 figures de Marillier et
1 portrait, pour les *Œuvres choisies*, 1783, in-8.

> Belles épreuves, toutes marges.

179 — Suite de 11 figures de Staal et 1 portrait, pour
les *Œuvres,* in-8.

> Belles épreuves avant la lettre sur Chine. — Plus 24
> lithographies par Baptiste d'après Smirke, pour *Gil-Blas,*
> in-4, épreuves sur Chine.

180 — Suite de 8 vignettes de Chodowiecki et 8 titres
avec fleurons, pour *Gil Blas,* publié à Berlin,
1779, in-12.

> Belles épreuves. — Plus 12 figures du même pour une
> édition in-32.

181 — Suite complète de 28 figures de Monnet et
1 portrait, pour l'*Histoire de Gil Blas,* édition
Chaigneau, 1796, in-18.

> Très belles épreuves avant la lettre. — Plus une suite
> de 13 figures de Huot à l'eau-forte pure et épreuves d'es-
> sai, faites en vue d'une édition du même ouvrage qui n'a
> jamais été terminée.

182. — Suite complète des 100 figures de Bornet, pour
l'*Histoire de Gil Blas de Santillane,* édition
Didot jeune, 1797, in-8.

> Epreuves sur papier vélin, toutes marges.

183 — La même suite complète.

> 100 pièces avant la lettre (moins 7 qui sont à l'eau-forte
> pure et une avec la lettre), la plupart à toutes marges.

184 — Suite complète de 19 figures d'Harrewyn, pour
Lazarille de Tormès, 1701, in-12.

> Belles épreuves remontées, in-4.

LEVAYER DE BOUTIGNY

185 — Frontispices, en-têtes et fleuron, pour *Tarsis et Zélie*, publié par Musier fils, 1774, in-8.

> 2 frontispices, 2 fleurons et 4 en-têtes avant la lettre tirés hors texte.

186 — Suite complète de 3 fleurons et 20 en-têtes d'Eisen, pour le même ouvrage.

> Réimpression hors texte, marges in-4.

LONGUS

187 — En-têtes par Eisen, gravés par Fokke, et culs-de-lampe, pour *Daphnis et Chloé*, traduction d'Amyot, 1757, in-4.

> 8 pièces en tirage hors texte, dont une double. — Plus 4 culs-de-lampe de l'édition de 1745 dont 2 doubles et 2 en contre-partie aussi tirés hors texte.

LUCRÈCE

188 — Suite complète des 6 figures de Monnet et un frontispice, pour *De la nature des choses*, édition Bleuet, 1794, in-8.

> 4 suites dont 2 avant la lettre en noir et bistre et 2 avec la lettre, avec la bordure et la bordure supprimée.

189 — Figures de la même suite.

> 13 pièces dont un fleuron hors texte.

MALFILATRE

190 — Suite complète des 4 figures de Gab. de Saint-Aubin et 1 titre d'après Eisen, pour *Narcisse dans l'île de Vénus*, édition Lejay, 1769, in-8.

> Très belles épreuves avec marges. — Plus une suite complète des 4 figures de Marillier et un titre pour *Tangu et Félime*, de La Harpe, in-18.

MARGUERITE DE NAVARRE

191 — Figures de Freudenberg, pour l'*Heptaméron français*, publié à Berne, 1780, in-8.

> 93 pièces, la plupart à grandes marges; plusieurs doubles.

192 — Figures de la même suite.

> 49 pièces.

193 — En-têtes de pages pour le même ouvrage.

> 7 pièces avant la lettre tirées hors texte. — Plus 18 vignettes de Freudenberg en épreuves anciennes imprimées en noir et en couleurs.

194 — Suite complète des 7 figures de Flameng, **pour** les *Sept journées de la reine de Navarre*, publiée par Jouaust, 1872, in-18.

> Epreuves à l'eau-forte pure, marges in-4.

MARMONTEL

195 — Figures de Moreau, pour les *Incas*, in-8.

> 6 pièces dont 5 avant la lettre.

MÉTASTASE

196 — Figures de Cochin, Moreau, Cipriani et autres, pour les *Œuvres*, 1780, in-8.

21 pièces dont 5 avant la lettre.

MOLIÈRE

197 — Suite de 32 figures de Harrewyn, pour les *Œuvres*, in-12.

Belles épreuves remontées, grand in-8. Rares.

198 — Suite complète des 33 figures de Moreau et 1 portrait par Cathelin, pour les *Œuvres*, édition de Bret, 1773, in-8.

Epreuves avec la lettre, remontées, grand in-8.

199 — Suite complète des 30 figures de Moreau et un portrait par Saint-Aubin, pour les *Œuvres*, édition Renouard, in-8.

Très belles épreuves avant la lettre provenant d'un ouvrage relié.

200 — La même suite complète.

Très belles épreuves avant la lettre (manque une pièce et le portrait qui est avec la lettre, 2 pièces sont remargées à chassis et on a ajouté une pièce double par un autre graveur).

201 — La même suite complète.

Epreuves sur Chine monté, marges in-4.

202 — La même suite complète.

Belles épreuves avec la lettre, toutes marges.

203 — Figures de la même suite.

27 pièces avant la lettre avec des doubles et une à l'eau-forte pure.

204 — Suite complète de 18 figures par Horace Vernet, Hersent et autres, et 1 portrait, pour les *Œuvres,* in-8.

Epreuves avant la lettre sur Chine (moins une pièce qui est avec la lettre sur blanc).

205 — Figures de la même suite.

18 pièces avant la lettre sur Chine, grandes marges. — Plus 13 épreuves avant la lettre du *Bourgeois gentilhomme.*

206 — Suite complète des 18 figures de Desenne et 1 portrait par Taurel, pour les *Œuvres,* édition Lefèvre, 1824-1826, in-8.

Epreuves avant la lettre sur Chine. — Plus la même suite complète avec la lettre, blanc et Chine et une eau-forte pure.

207 — Vignettes tirées des suites de Desenne et Horace Vernet.

40 pièces avant la lettre dont plusieurs en double. — Plus 5 avec la lettre.

MOLIÈRE

208 — Suite des 21 figures de Desenne dont un portrait, publiés dans la *Bibliothèque française,*
in-18.

> Epreuves avant la lettre tirées à deux sur la feuille,
> toutes marges. — Plus 10 pièces à l'eau-forte pure.

209 — Suite de 33 estampes, pour les *Œuvres de
Molière,* composées par Boucher, réduites et
gravées à l'eau-forte par T. de Mare. Paris,
Lefilleul, 1881, in-8.

> Exemplaire en deux états : Eau-forte pure et avant la
> lettre sur Hollande, marges in-fol.

210 — Suite d'Estampes des principaux sujets des Comédies de Molière, réduites et gravées par T.
de Mare, publiée par Mme Lefilleul, in-4.

> Exemplaire en deux états : Eaux-fortes pures et avant
> la lettre sur papier de Hollande. Signées.

211 — Gravures et vignettes diverses.

> 43 pièces avant et avec la lettre.

MONTESQUIEU

212 — Suite complète des 10 figures d'Eisen, pour le
Temple de Gnide, in-8.

> Epreuves à toutes marges, avec une pièce à l'eau-forte
> pure et une autre avant la lettre. — Plus la suite complète
> des 12 figures de Regnault pour le même ouvrage, in-18.
> Epreuves avant la lettre (moins la planche 8 qui est avec
> la lettre).

213 — Figures d'après Moitte, Chaudet, Peyron et autres, in-8 et in-4.

22 pièces avant la lettre.

MOREL DE VINDÉ

214 — Suite complète des 6 figures de Lefebvre, pour *Primerose*, édition Didot, 1801, in-18.

Très belles épreuves avant la lettre, toutes marges. — Plus 2 pièces à l'eau-forte pure.

215 — La même suite complète.

Epreuves avec la lettre, petites marges.

216 — Suite complète des 6 figures de Lefebvre, pour *Zélomir*, édition Didot, 1801, in-18.

Epreuves avant la lettre toutes marges (une pièce est rognée.) — Plus 2 eaux-fortes pures.

217 — La même suite complète.

Epreuves avant la lettre, grandes marges (sauf une pièce.) — Plus 2 eaux-fortes.

218 — Doubles de la même suite.

12 pièces avant la lettre.

OVIDE

219 — Suite de 75 figures de Moreau, Lebarbier, Monsiau, pour les *Métamorphoses*, édition Gay et Guestard, 1806, in-4.

Très belles épreuves avant la lettre dont 12 en double et une eau-forte pure. — Plus 33 pièces avec la lettre.

OVIDE

220 — Figures de la même suite.

> 19 pièces avant la lettre et 7 à l'eau-forte pure.

221 — En-têtes et vignettes pour le même ouvrage.

> 19 pièces, dont 5 en tirage hors texte.

222 — Figures des *Métamorphoses* dessinées par M. Regnault et gravées par Coiny et Couché, in-18.

> Suite de 52 pièces et un titre à toutes marges. — Plus 32 pièces avant la lettre et 4 à l'eau-forte pure.

PLUTARQUE

223 — Suite de 21 figures de Moreau, Marillier, Borel et autres, pour les *Vies des Hommes illustres,* traduction d'Amyot, 1783, in-8.

> Belles épreuves à toutes marges. — Plus 17 pièces avant la lettre.

PRÉVOST (l'Abbé)

224 — Suite complète de 80 figures de Marillier, dont 1 portrait, pour les *Œuvres*, in-8.

> Belles épreuves, toutes marges.

225 — Suite des 8 figures de Gravelot et Pasquier, pour *Manon Lescaut*, édition de 1753, in-12.

> Belles épreuves remontées, in-4. — Plus 2 eaux-fortes pures.

226 — Figures de Lefebvre, pour *Manon Lescaut*, in-18.

> 6 pièces à l'eau-forte pure, toutes marges (manque les planches 5 et 6). Cette suite est complétée par ces deux pièces avant la lettre.

PEZAY (Mis de)

227 — Vignettes et en-têtes d'Eisen, pour le *Pot pourri* et les *Tableaux*, Genève, 1764, in-8.

> 5 figures et 2 en-têtes tirés hors texte.

QUÉTANT et ANSEAUME

228 — Suite de 5 figures de Quéverdo, pour le *Maréchal ferrant*, comédie, 1761. — Suite de 4 figures de Duclos, pour les *Deux Chasseurs et la Laitière*, comédie, 1769, in-8.

> Très belles épreuves en 1ᵉʳ tirage. — Plus une épreuve avant la lettre.

229 — Suite de 5 figures, pour le *Maréchal ferrant*.

> Epreuves du 2ᵉ tirage, toutes marges.

RABELAIS

230 — Suite de 9 gravures de Dubourg, 1 titre et plusieurs vues, pour les *Œuvres*, 1741, in-4.

> Belles épreuves. — Plus une eau-forte pure.

RACINE (J.)

231 — Suite complète des 12 figures de Gravelot et 1
portrait, pour les *Œuvres,* édition Cellot, 1768,
in-8. — Suite complète des 12 figures de Le
Barbier et 1 portrait, édition Déterville, 1796.

> 2 suites, la dernière est sur Chine. — Plus 1 pièce de
> Gravelot avant la lettre et 2 de Le Barbier sur papier bleu.

232 — Les deux mêmes suites complètes.

> Belles épreuves. — Plus 18 figures de la suite de Moreau
> dont 6 avant la lettre et 2 à l'eau-forte pure.

233 — Suite complète des 12 figures de Moreau et 1
portrait par Saint-Aubin, édition Renouard,
1805, in-8.

> Anciennes épreuves, toutes marges.

234 — La même suite complète.

> Epreuves sur Chine, marges, in-4.

235 · Suite complète des 12 figures de Moreau et
1 portrait d'après Santerre, pour les *Œuvres,*
édition de 1811, in-8.

> Très belles épreuves du 1ᵉʳ tirage sur papier vergé,
> toutes marges.

236 — La même suite complète.

> Belles épreuves, toutes marges.

237 — Suite complète de 12 figures de Desenne et
1 portrait, gravés par Girardet, in-18.

    Très belles épreuves avant la lettre, remontées, in-8.

238 — La même suite complète.

    6 exemplaires.

239 — Suite complète de 14 figures de Staal, dont un
portrait, pour les *Œuvres*, in-8.

    Très belles épreuves avant la lettre sur Chine, marges,
in-4.

240 — Vignettes diverses.

    32 pièces, dont plusieurs avant la lettre et deux à l'eau-
forte pure.

RAYNAL

241 — Suite de 4 figures d'après Moreau et un
portrait par Cochin, pour *Histoire philoso-
phique du Commerce des Indes*, édition Pellet,
1780, in-4.

    Belles épreuves. — Plus une pièce avant la lettre et une
à l'eau-forte pure. On y a joint 12 pièces diverses.

242 — Figures d'après Moreau et Eisen, pour le
même ouvrage.

    26 pièces, dont 5 à l'eau-forte pure ; plusieurs doubles.

RÉGNARD

243 — Suite complète des 7 figures de Moreau et un portrait, pour les *Œuvres*, in-8.

Très belles épreuves, toutes marges. — Plus la suite des 8 figures de Devéria et un portrait, in-12, avant la lettre.

RICHARDSON

244 — Suite complète des 4 figures de Marillier, pour *Paméla*. — Suite de 9 figures du même, pour *Clarisse Harlowe*, 1784, in-8.

Très belles épreuves.

245 — Suite complète des 21 figures de Chodowiecki et 1 portrait, pour *Clarisse Harlowe*, édition de Genève, 1785-1786, in-8.

Belles épreuves avant la lettre.

ROUSSEAU (J.-J.)

246 — Suite de 36 figures de Moreau et Le Barbier, et 1 portrait, pour les *Œuvres*, édition de 1774-1783, in-4.

Belles épreuves du 1er tirage.

247. — Figures de la même suite.

37 pièces, marges inégales (une pièce est remargée) : en 1 vol. cart., non rogné.

248 — Figures de la même suite.

> 37 pièces et un portrait (marges inégales et mouillures).

249 — Figures de la même suite.

> 30 pièces et un portrait; belles épreuves à grandes marges (manquent les figures de Le Barbier).

250 — Figures de la même suite.

> 19 pièces, très belles épreuves avant les n°°.

251 — Figures de la même suite.

> 20 pièces avec les n°°.

252 — Figures de la même suite.

> 43 pièces, quelques doubles.

253 — Suite complète des 27 figures de Marillier et 1 portrait, pour les *Œuvres choisies*, édition Cazin, 1779, in-18.

> Très belles épreuves avant la lettre avec 3 eaux-fortes pures. — On y a joint une suite avec la lettre, toutes marges.

254 — Figures de la même suite.

> 27 pièces, très belles épreuves avant la lettre. — Plus un portrait par Aug. de Saint-Aubin, lettres grises.

255 — Suite complète des 35 figures de Cochin et Monsiau, dont 1 portrait, pour les *Œuvres*, édition Defer et Maisonneuve, 1793, in-4.

> Belles épreuves avant la lettre, grandes marges (deux pièces sont plus courtes).

ROUSSEAU (J.-J.)

256 — Figures de la même suite.

> 35 pièces dont 26 avant la lettre.

257 — Figures de la même suite.

> 4 pièces à l'eau-forte pure.

258 — Doubles des mêmes vignettes.

> 37 pièces dont 29 avant la lettre.

259 — Suite de 64 figures par Moreau, Le Barbier, Chasselat et autres, pour les *Œuvres,* édition dite de Dupréel, 1817, in-8.

> Belles épreuves. — Plus 24 doubles avec différences.

260 — Figures de la même suite.

> 7 pièces à l'eau-forte pure et 8 avant la lettre.

261 — Suite complète des 42 figures de Devéria, pour les *Œuvres,* in-8.

> Epreuves à l'eau-forte pure sur Chine (moins une pièce qui est sur blanc et une avec la lettre).

262 — Suite complète des 14 figures de Devéria et Johannot, pour les *Œuvres,* édition Armand Aubrée, 1839, in-8.

> Très belles épreuves, lettres grises sur Chine, plus 21 pièces avec la lettre.

263 — Suite de 12 figures de Moreau, réductions de
Lorieux, pour la *Nouvelle Héloïse*, in-18. -
Suite des 10 figures de Moreau, dont un fron-
tispice, pour *Emile*, in-18.

> Belles épreuves tirées à 2 sur la feuille, toutes marges.

264 — Suite complète de 6 figures de Cochin, pour
Emile, in-4.

> Belles épreuves avant la lettre, toutes marges. — Plus
> 2 eaux-fortes pures.

265 — La même suite en réduction, grand in-8.

> Belles épreuves. — Plus 3 pièces avant la lettre avec
> les cadres et 8 doubles in-8 et in-4.

266 — Suite complète de 10 figures de Desenne, Le
Prince et autres et 1 portrait pour *Emile*, in-8.

> Epreuves avant la lettre sur Chine. — Plus 10 autres
> pièces.

267 — Suite complète des 9 figures de Cochin, pour
Emile et *La Politique*, réductions in-8.

> Epreuves avec la lettre, toutes marges. — Plus 8 pièces
> avant la lettre avec les cadres et 7 à l'eau-forte pure.

268 — Vignettes tirées de différentes suites.

> 26 pièces dont 7 avant la lettre et 9 à l'eau-forte pure.

269 — Vignettes diverses in-4 et in-8.

> 29 pièces avant et avec la lettre.

SAINTE BIBLE

270 — Suite complète de 112 figures de Moreau, pour le *Nouveau Testament*, traduction de Sacy, 1798, in-8.

> Epreuves avant la lettre (une pièce manque, 3 figures s'y trouvent à l'eau-forte pure et 27 pièces sont doubles en état différent).

271 — La même suite complète.

> Epreuves avec la lettre (manque une pièce).

272 — Figures de la même suite.

> 45 pièces à l'eau-forte pure.

273 — Figures de la même suite.

> 91 pièces avant la lettre, dont quelques-unes à l'eau-forte pure.

274 — Doubles de la même suite.

> 43 pièces à l'eau-forte pure et 57 avant la lettre.

275 — Figures d'après Marillier et Monsiau, pour le *Nouveau Testament*, traduction de Le Maistre de Sacy, in-4.

> Suite de 82 pièces avant la lettre, avec des cadres, marges in-fol.

276 — Figures de Marillier, pour l'*Ancien Testament*, in-8.

> 98 pièces.

277 — Suite complète des 64 figures de Devéria, pour l'*Ancien et le Nouveau Testament*, traduction de Le Maistre de Sacy, publiée par Lefèvre, 1828-1834, in-8.

> Epreuves avant la lettre, toutes marges. — Plus 33 pièces à l'eau-forte pure.

278 — Figures de la même suite.

> 117 pièces avant la lettre sur Chine et sur blanc.

279 — Suite de 38 figures, pour l'*Ancien et le Nouveau Testament*, publiée par Furne, in-4.

> Belles épreuves sur Chine. — Plus 15 avant la lettre.

280 — Figures de Tony Johannot, pour les *Evangiles*, édition Curmer, in-8.

> 32 pièces avant la lettre sur Chine.

281 — Suite complète de 75 figures d'après différents Maitres, pour la *Vie de Jésus-Christ* du P. Deligny, in-8.

> Très bel exemplaire en deux états : Eau-forte pure et avant la lettre, marges in-4.

282 — Suite complète des 33 figures d'après Leloir, pour la *Vie des Saints*, publiée par Furne, in-fol.

> Epreuves avant la lettre sur Chine.

SAINTE BIBLE

283 — Figures de la Bible, par Preisler et autres, in-fol.

> 68 planches.

SAINT-LAMBERT

284 — En-têtes et fleuron par Choffard, pour *Les Saisons*, in-8.

> 4 pièces dont une double en tirage hors texte. — Plus 4 figures de Moreau dont une double et le frontispice de Le Prince en deux états.

SÉDAINE

285 — Suite complète de 12 figures de Chodowiecki, pour la comédie du *Déserteur*, in-18.

> Belles épreuves. Cette suite est très rare.

286 — Vignettes de Quéverdo, Th. Martinet, Eisen, Desrais, pour diverses Comédies.

> 42 pièces dont plusieurs avant la lettre et une à l'eau-forte pure.

STERNE

287 — Suite complète des 6 figures d'après Monsiau, pour le *Voyage sentimental*, édition Dufour, 1799, in-4.

> Très belles épreuves avant la lettre, grandes marges et 3 doubles. — Plus la suite complète des 12 figures de Tony Johannot et Jacque, édition Bourdin, 1845, avant la lettre sur Chine volant.

SWIFT

288 — Suite complète des 10 figures de Lefebvre, pour
les *Voyages de Gulliver*, édition Didot, 1797,
in-18.

Epreuves avant la lettre remontées et détachées d'un
livre. — Plus 7 pièces doubles aussi avant la lettre.

TASSE (Le)

289 — Suite de 20 figures de Gravelot, 1 titre et un
frontispice, pour la *Jérusalem délivrée*, 1771,
in-8, et 20 portraits en tirage hors texte. — Suite
des 40 figures de Cochin et 1 frontispice, pour
le même ouvrage, 2ᵉ édition, 1785, in-4. — Suite
des 20 figures de Le Barbier, in-8.

1 vol. demi-rel. — Les figures de Gravelot sont imprimées sur parchemin (moins le chant VII). — Le portrait
du chant VIII manque. — La suite de Le Barbier est avant
la lettre, toutes marges.

290 — Figures d'après Cochin, pour la *Jérusalem délivrée*, édition italienne, 1784, in-4.

40 pièces de la 2ᵉ édition avec le cadre agrandi. — Plus
3 pièces à l'eau-forte pure et 14 doubles.

291 — Figures de la même suite.

11 pièces à l'eau-forte pure dont 2 doubles.

292 — Suite complète de 3 figures de Desenne, Chasselat et Bergeret et 1 portrait, pour la *Jérusalem délivrée*, in-8.

Epreuves en deux états : eau-forte pure et avant la
lettre.

TASSE (Le)

293 — Vignettes d'après Prudhon gravées par Roger, pour *Aminta* et *Abrocome et Anzia*, avec le portrait du Tasse, médaillon sur un titre, in-8.

> 5 pièces dont 3 avant la lettre, grandes marges.

294 — Vignettes diverses.

> 31 épreuves en différents états.

THÉOCRITE

295 — Figures de Moreau, Le Barbier et Chaudet, pour les *Idylles*, édition Didot, 1796, in-12.

> 20 pièces dont 3 avant la lettre et 6 à l'eau-forte pure.—
> Plus 2 vignettes de Cochin à l'eau-forte pure et une avant
> la lettre, pour les *Comédies* de Térence, in-8.

THOMPSON

296 — Suite complète de 4 en-têtes de page de Choffard, pour les *Saisons,* in-8.

> 6 pièces dont 2 tirées hors texte. — Plus 4 vignettes
> d'Eisen représentant les Saisons.

TRESSAN (de)

297 — Suite complète des 12 figures d'après Colin et 2 portraits, pour les *Œuvres*, édition Nepveu, 1828, in-8.

> Très belles épreuves avant la lettre sur Chine. — Plus
> 1 suite incomplète sur papier blanc et 5 doubles. On y a
> joint la suite des 4 figures de Moreau, pour *Gérard de
> Nevers*, in-18.

UZANNE (Octave)

298 — Vignettes et en-têtes, pour la *Française du siècle,* gravées par Gaujean, in-8.

> 19 pièces, épreuves d'essai en couleurs. Avec la couverture.

299 — Suite complète de 9 figures de Gaujean d'après Lynch, pour le *Paroissien du Célibataire,* in-8.

> Epreuves en 3 états : eau-forte pure, eau-forte avancée et avant la lettre sur Japon.

300 — Figures de la même suite.

> 8 pièces en deux états : Eau-forte pure et épreuve avancée sur Japon (pour que la suite soit complète il manque seulement l'en-tête : *L'amour tenant une plume* .

VADÉ

301 — Suite complète des 4 vignettes en-têtes par Eisen, pour la *Pipe cassée,* in-12.

> Epreuves en tirage hors texte. Très rares.

VIGNY (Alfred de)

302 — Suite complète de 10 figures, 2 fleurons de titres et 1 portrait, gravés par Gaujean, pour *Cinq-Mars,* édition Quantin, in-8.

> Epreuves en trois états : Eau-forte pure, épreuves avancées et avant la lettre sur Japon, imprimées par le graveur, de format in-4.

VIRGILE

303 — Suite complète de 18 figures de Cochin, dont un frontispice, à deux sur la feuille, pour les *Œuvres*, édition Quillau, 1743, in-8. — Suite complète de 12 figures de Zocchi et Prévost, 2 titres et un portrait pour l'*Enéide*, 1760, in-8.

Belles épreuves.

304 — Suite complète des 18 figures de Moreau et Zocchi, dont un portrait, pour les *Œuvres*, édition Plassan, 1796, in-8.

Epreuves avant et avec la lettre. (Manquent une pièce de Moreau et le portrait avant la lettre.) — Plus 4 eaux-fortes pures.

305 — Figures d'après Gérard, Girodet et autres, pour les *Œuvres*, publiées par P. Didot jeune, 1798, in-fol.

33 pièces avant la lettre, quelques doubles.

306 — Figures de la même suite.

56 pièces, avant et avec la lettre; quelques doubles.

307 — Figures de Fittler et Bartolozzi, pour les *Œuvres*, in-8.

15 pièces avec la lettre grise. — Plus 9 portraits et vignettes.

308 — Suite complète des 4 figures de Moreau, pour
l'*Enéïde*, 1804, in-8 et in-4.

> 8 pièces avant la lettre.

309 — Vignettes et gravures tirées de différentes
suites.

> 65 pièces.

VOLTAIRE

310 — Figures de Moreau, pour les *Œuvres*, éditions
de Kehl.

> 42 pièces avant la lettre.

311 — Figures de Moreau, Gravelot et Monnet, pour
les *Œuvres*, in-8.

> 48 pièces dont 16 avant la lettre et 5 à l'eau-forte pure.

312 — Suite de 110 Figures de Moreau et 46 portraits,
pour les *Œuvres*, édition Renouard, in-8.

> Belles épreuves, toutes marges.

313 — Figures de la même suite.

> 158 pièces, belles épreuves.

314 — La même suite, moins les portraits.

> 115 pièces avant la lettre (la figure du chant III de l
> *Henriade* est plus courte).

VOLTAIRE

315 — Suite complète des 80 figures de Desenne, pour les *Œuvres*, édition de 1822, in-8.

> Epreuves avant la lettre (manquent 3 portraits). — Plus 40 eaux-fortes pures et 6 portraits avec la lettre.

316 — Figures de la même suite.

> 7 p. à l'eau-forte pure, 20 avant la lettre et 23 avec la lettre. Ensemble 50 pièces.

317 — Suite complète de 10 figures d'Eisen et 1 titre, pour la *Henriade*, édition Vve Duchesne, 1770, in-8.

> Epreuves à toutes marges. — Plus les 10 figures du même, pour l'édition de 1751, in-18, grandes marges et 1 suite rognée.

318 — En-têtes de pages d'après Eisen, pour la *Henriade*, in-8.

> 9 pièces en tirage hors texte, dont 2 eaux-fortes.

319 — Suite complète des 10 figures de Moreau, un frontispice et un titre, pour la *Henriade*, édition de Khel, in-4.

> Epreuves avant la lettre, la plupart avec les noms d'artistes à la pointe. — Plus une eau-forte pure.

320 — La même suite complète.

> Belles épreuves, toutes marges. — Plus une pièce et le portrait avant la lettre.

321 — Figures de la même suite.

> 30 pièces dont 2 avant la lettre, plusieurs doubles.

322 — Suite complète de 10 figures de Moreau et un frontispice, pour la *Henriade*, édition de Kehl, in-8.

> Belles épreuves toutes marges. — Plus 3 pièces avant la lettre et 4 à l'eau-forte pure.

323 — Suite complète des 10 figures de Moreau, pour la *Henriade*, édition Renouard, in-8.

> Belles épreuves, toutes marges. — Plus 9 pièces avant la lettre (manque le chant III) et 2 eaux-fortes.

324 — Suite complète des 10 figures de Devéria, pour la *Henriade*, in-12.

> Epreuves avec la lettre ; on y a joint 17 pièces in-12 et in-8 à l'eau-forte pure et 8 avant la lettre. — Plus 30 pièces du même, pour les *Œuvres*, épreuves à l'état d'eaux-fortes, in-8.

325 — Figures diverses, pour la *Henriade*.

> 45 pièces avant et avec la lettre, dont une en nombre.

326 — Figures d'après Marillier et Monsiau et 1 portrait gravé par Gaucher, pour la *Pucelle*, in-4.

> 20 pièces, très belles épreuves avant la lettre et avant les nᵒˢ, à toutes marges (il manque deux pièces pour que la suite soit complète).

VOLTAIRE

327 — Vignette du Chant Ier de la *Pucelle*, par Caze-
nave d'après Monsiau, in-4.

> Epreuve avant toutes lettres, imprimée en couleur,
> grandes marges. Rare.

328 — Figures de Le Barbier et Monsiau, pour la
Pucelle, in-4.

> 2 pièces avant la lettre à toutes marges, pour une suite
> qui n'a pas été continuée.

339 — Suite complète de 21 figures de Moreau et
4 portraits, pour *La Pucelle*, édition de Khel,
in-8.

> Epreuves avant la lettre avec des cadres ajoutés, toutes
> marges (les portraits sont avec la lettre). — Plus 3 pièces
> doubles sans cadres.

330 — Suite complète des 20 figures de Chasselat,
pour *La Pucelle*, in-8.

> Belles épreuves. — Plus 5 pièces à l'eau-forte pure.

331 — Vignettes diverses, pour la *Pucelle*, in-8.

> 44 pièces dont plusieurs avant la lettre.

332 — Vignettes anciennes tirées de différentes suites,
pour la *Pucelle*.

> 94 pièces avant et avec la lettre.

333 — Suite de 43 figures de Moreau, pour le *Théâtre,* édition de Kehl, in-8.

> Très belles épreuves, toutes marges. — Plus 6 pièces avant la lettre et 4 à l'eau-forte pure.

334 — Figures pour le *Théâtre*, in-4.

> 3 pièces avant la lettre dont une double, faites pour une édition qui n'a pas été continuée. — Plus 2 portraits de Voltaire par Langlois dont un avant la lettre, tablette blanche, toutes marges.

335 — Suite des 44 figures de Moreau, pour le *Théâtre,* édition Renouard, in-8.

> Belles épreuves. — Plus 40 pièces tirées de l'édition de Kehl.

326 — Figures de la même suite.

> 46 pièces avant la lettre.

337 — Figures tirées des *Romans et Contes, Théâtre* et *Pièces historiques*, édition Renouard.

> 39 pièces avant la lettre.

WALTER SCOTT

338 — Suite de 93 figures, pour les *Œuvres*, édition Gosselin, 1835. — Suite complète des 84 fleurons tirés hors texte sur Chine, pour la même édition, in-8.

> Ensemble 177 pièces.

WALTER SCOTT

339 — Suite complète des 33 figures de Tony Johannot, pour les *Œuvres,* édition Furne, in-8.

Épreuves en deux états : avant la lettre Chine et blanc
et avec la lettre, marges in-4. — Plus une eau-forte.

ZACHARIE

340 — Suite complète des 4 en-têtes d'Eisen, pour les
Quatre parties du jour, in-8.

Épreuves avant la lettre tirées hors texte, avec marge.

ESTAMPES

ADRESSES

341 — Adresses de Vignères, m^d d'estampes.

12 épreuves avant et avec la lettre, un dessin par A. David et 3 croquis.

342 — Adresses de libraires et m^{ds} d'estampes.

8 pièces avant et avec la lettre. — Plus une carte d'entrée sur l'Esplanade des Invalides le jour des funérailles de Napoléon Ier et un calendrier républicain en 3 feuilles, sans texte.

343 — Lettres de faire part de mariage et de naissance, par Desmaisons.

6 pièces, dont 4 copies.

344 — Cartes de visite illustrées par Th. Maurisset, 1850. — Rébus.

28 pièces avant et avec la lettre, à plusieurs sur la feuille.

345 — Invitations, menus, épithalames.

13 pièces.

ADRESSES

346 — Dessus de boîtes de baptêmes, in-4.

3 pièces avant la lettre et à l'eau-forte.

BASAN (chez)

347 — Tableaux du cabinet de M. Poullain, in-4.

96 pièces.

CALLOT (J.)

348 — La Vie de l'Enfant prodigue (Ed.-M. 53-63).

Suite complète de 11 pièces avant les n°, marge. — Plus le Massacre des Innocents, 1re planche (41), en 1er état.

349 — Claude Deruet (5o5), 3e état.

Belle épreuve.

350 — Les petites Misères de la Guerre (557-563).

Belles épreuves. — Plus 11 pièces des Exercices militaires avant le N°.

351 — Vue de Louvre (713).

Belle épreuve du 2e état avant l'adresse d'Iraël.

352 — Partie de l'Œuvre de Callot.

Environ 3oo pièces originales et copies.

CARPENTIER

353 — Sujets tirés de *Paul et Virginie*, gravés par Mlle Papavoine, in-4.

4 pièces en couleurs, grandes marges.

CHEVRIER (Jules)

354 — Suite complète des 16 eaux-fortes de Jules Chevrier, pour les *Amoureux du Livre*, publié par Claudin, 1877, in-8.

Epreuves avant la lettre sur Japon.

CHODOWIECKI

355 — Partie de son œuvre.

460 pièces.

CHOFFARD (P.-P.)

356 — Portraits de La Rochefoucauld et Palissot, in-8.

9 pièces.

COCHIN (C.-N.)

357 — Louis XVI, allégorie sur son avènement au trône, gravée par Augustin de Saint-Aubin et terminée par De Longueil, in-4.

Epreuve à l'eau-forte pure, le sujet seul avant l'encadrement. Très rare.

COCHIN (C.-N.)

358 — La même estampe.

> Belle épreuve avec la lettre du 1ᵉʳ tirage.

359 — En-tête de page avec portrait de Louis XV,
pour le *Catalogue raisonné des tableaux du
Roy*, 1752, in-4. — En-tête du *Catalogue de
l'œuvre de Cochin*, par Jombert, in-8.

> 3 pièces tirées hors texte dont 2 avec marges.

360 — Portraits divers, in-8 et in-4.

> 29 pièces, belles épreuves.

361 — Vignettes et gravures diverses.

> 27 pièces dont 13 avant la lettre et 2 à l'eau-forte pure.

COUCHÉ fils

362 — Couronnement de Voltaire sur la scène du
Théâtre français, d'après Moreau. — Trans-
lation des cendres de Voltaire au Panthéon,
in-8.

> 2 pièces en 2 états : Eau-forte pure et avant la lettre
> sur Chine, marges in-4.

COUCHÉ et autres

363 — Trophées des Armées Françaises, publiés par
Lefuel, in-4.

> 76 gravures et 6 frontispices, en 7 livraisons. — Plus 22
> gravures pour la *Campagne d'Espagne en 1823*, publiée
> par le même.

CRUIKSHANK (G.)

364 — Les Mois, gravés à l'eau-forte, in-8.

> Suite complète de 12 pièces, plus 9 doubles.

DE SÈVE

365 — En-têtes et culs-de-lampe.

> 9 pièces en tirage hors texte, dont 2 à l'eau-forte pure.

DEVÉRIA (d'après)

366 — Portraits d'auteurs en pied, collection Janet, in-8.

> 28 pièces avant la lettre sur Chine, marges in-4.

DIVERS

367 — Frontispice avec portrait de Ch. Perrault, avec 12 sujets des *Contes* autour, in-8.

> 3 pièces dont 2 à l'eau-forte et une terminée. Rare.

368 — Acteurs et actrices célèbres qui se sont illustrés dans les trois grands théâtres de Paris, publiés en 1808, in-12.

> 28 pièces ovales coloriées. — Plus 6 vues de Théâtres par Janinet, en couleur.

369 — Portraits d'acteurs et d'actrices en pied, in-18.

> 65 pièces en noir et coloriées.

DIVERS

370 — Titres de livres par Babel et Martinet.

5 pièces. — Plus 17 copies par Loiselet.

371 — Bois tirés de l'*Histoire des Peintres* de Charles Blanc.

Environ mille pièces tirées hors texte sur Chine volant.

DUHAMEL et LE ROY

372 — Portraits d'Henri IV, in-8.

5 pièces en états différents.

DUPLESSIS-BERTAUX

373 — Scène historique de Pradère et Ellevion, in-8.

Eau-forte pure. Rare.

374 — Scène de *Fanfan et Colas* par Helman.

Belle épreuve.

375 — Portraits gravés par Levachez et petits sujets gravés à l'eau-forte.

Environ 150 pièces.

376 — Partie de son œuvre.

220 pièces, dont plusieurs doubles.

DUTAILLY (d'après)

377 — Petits médaillons ronds représentant l'histoire de *Paul et Virginie*, par Guyot.

20 pièces en couleur imprimées à deux sur la feuille.

EISEN (d'après)

378 — En-têtes et culs-de-lampe.

12 pièces tirées hors texte dont 4 à l'eau-forte pure.

379 — Vignettes diverses.

21 pièces avant et avec la lettre et une eau-forte pure.

FIQUET et SAVART

380 — Portraits de L'Arioste, Bayle, Boileau, Bossuet, le Prince de Condé, P. Corneille, Crébillon, Fénelon, La Fontaine, Molière, Rabelais, J.-J. Rousseau, Voltaire.

16 pièces.

GAUCHER (C.-S.)

381 — Portrait de Buffon d'après Drouais (P. et B. 31). — Chapelle, d'après Lebrun (39).

2 pièces avant la lettre, tablette blanche, grandes marges.

GAUCHER (C.-S.)

382 — Cossé, duc de Brissac, gouverneur de Paris (44), in-4.

> 2 épreuves des 2ᵉ et 3ᵉ états, toutes marges.

383 — Denis Diderot, d'après Greuze (49).

> Très belle épreuve avant la lettre, la tablette blanche, toutes marges.

384 — La Comtesse Du Barry, d'après Drouais (5o).

> Très belle épreuve avant le n°, toutes marges.

385 — Fénelon d'après Vivien, ovale (59). — Le même personnage avec un encadrement (6o).

> 2 pièces; la première et avant la lettre tirée hors texte et l'autre en deux états avant et avec la lettre toutes marges. — Plus le même personnage in-8° (57), avec la lettre.

386 — J.-B. Gail, d'après Le Barbier (66).

> 2 épreuves, dont une à l'eau-forte pure, toutes marges, et l'autre avec le nom sur la tablette blanche.

387 — Pieter Hoën (79).

> Très belle épreuve avant la lettre, la tablette ombrée, grandes marges.

388 — Joseph II, d'après Moreau, en-tête de page, pour les *Annales de Marie-Thérèse* (84).

> Epreuve en tirage hors texte, remargée à claire voie.

389 — J.-B. de Laborde, médaillon sur un titre (86).

> Très belle épreuve. — Plus une vignette : Louis XV cédant le trône à Louis XVI, d'après Marillier (100), et 1 médaillon : Séparation de Louis XVI d'avec sa famille avant la lettre.

390 — A la mémoire de Lebas, d'après Cochin (94).

> 2 épreuves dont une du 1ᵉʳ état avant les deux lignes au-dessous de la marge inférieure.

391 — L. Ch. de Lamoignon Malesherbes (107).

> Très belle épreuve avant toutes lettres, la tablette blanche, avec marges.

392 — Le général Monnier (117).

> 13 épreuves.

393 — La Baronne de Noyelles (125).

> Epreuve avant toutes lettres, les médaillons contenant les armes en blanc, grandes marges.

394 — Poètes français, in-18 (132).

> 23 pièces dont 2 à l'eau-forte pure et 3 avec la lettre grise.

395 — Racine, d'après Santerre, sans ornements (137).

> Très belle épreuve avant la lettre, toutes marges.

396 — René, roi de Sicile (140).

> Très belle épreuve avant la lettre, la tablette blanche.

GAUCHER (C.-S.)

397 — Mme Roland, d'après Nicollet (141).

> Très belle épreuve, grandes marges.

398 — Jean-Ambroise Sicard, instituteur des sourds-muets (145).

> Très rare épreuve à l'eau-forte avancée, la tablette blanche. — Plus une épreuve avec la lettre.

399 — Partie de l'Œuvre de Gaucher.

> 73 pièces.

400 — Vignettes et en-têtes.

> 8 pièces avant la lettre dont une à l'eau forte pure.

GRATELOUP (J.-B. de)

401 — Portrait du cardinal de Polignac (F. 8).

> Epreuve d'un état intermédiaire entre le 1er et le 2e avant le cadre tracé.

GRAVELOT (d'après)

402 — Frontispice de *Bibliothèque des artistes et des amateurs*, par l'abbé de Petity, 1766, in-4.

> 2 épreuves dont une à l'eau forte pure. — Plus le portrait de Gravelot par Massard.

403 — Vignettes et culs-de-lampe.

> 12 pièces avant la lettre et tirées hors texte dont 3 à l'eau-forte pure.

HUBERT et LE BEAU

404 — La comtesse de Provence, d'après Drouais, in-8.

> 2 pièces, belles épreuves.

JACQUEMART (A.)

405 — Suite complète des Sept Sacrements, d'après Le Poussin, in-8.

> Epreuves en trois états : Eau-forte pure, et avec la lettre sur Chine et sur blanc.

LANGLOIS (P.-G.)

406 — Portrait de J.-J. Rousseau, in-4.

> 11 épreuves avant la lettre, toutes marges.

LE BARBIER l'aîné

407 — Frontispice, pour la *Province du Dauphiné*, par Pélicier, in-fol.

> 3 belles épreuves en trois états : eau-forte pure, avant la lettre et avec la lettre.

LE BARBIER l'aîné

408 — Vignettes tirées de différents ouvrages.

33 pièces avant la lettre, dont 9 à l'eau-forte pure.

LE CLERC (Séb.)

409 — Partie de son Œuvre.

1 vol. cart. toile contenant 265 pièces.

410   Gravures diverses.

Environ 100 pièces.

LE MIRE (N.)

411 — En-tête avec portrait de Huc de Miroménil, médaillon sur un obélisque ; au fond une vue de la ville de Rouen, in-4.

2 épreuves tirées hors texte, dont une à toutes marges. — Plus 4 autres portraits, gravés par Le Mire.

412 — Laure. — Pétrarque.

Très belles épreuves en trois états : Eau-forte pure, avant la lettre, grandes marges, et avec la lettre.

413 — Portrait de Jeanne d'Arc, in-12.

12 épreuves.

LEVACHEZ et DUPLESSIS-BERTAUX

414 — Portraits de personnages de la Révolution,
avec scène au-dessous, in-fol.

> 58 pièces, belles épreuves.

MARILLIER (d'après)

415 — Figures, pour la *Boucle de cheveux enlevée,* les
Bains de Diane et le *Parnasse des Dames,* in-8.

> 8 pièces, dont 3 avant la lettre et 2 à l'eau-forte pure.

416 — Gravures tirées des *Illustres français,* gravés
par Ponce, in-fol.

> 2 exemplaires incomplets.

417 — Figures pour l'*Histoire universelle,* gravées
par Duflos, in-8.

> Environ 300 pièces.

418 — Vignettes pour un ouvrage inconnu, in-8.

> 17 pièces à l'eau-forte pure.

419 — Vignettes et en-têtes.

> 13 pièces avant la lettre, dont une à l'eau-forte pure.

420 — Vignettes diverses.

> 58 pièces dont plusieurs avant la lettre.

MARILLIER et EISEN

421 — Culs-de-lampe avec portraits de Corneille et
de Florian, in-8.

> 2 pièces, très belles épreuves tirées hors texte, à toutes
> marges.

MASQUELIER

422 — Portraits de Rameau, Quinault, Pythagore,
en-têtes de pages, in-4.

> 6 pièces avant la lettre tirées hors texte, dont deux à
> l'eau-forte pure.

MONNET (d'après)

423 — Vignettes, fleurons et en-têtes.

> 20 pièces, dont 11 avant la lettre et 6 à l'eau-forte pure.

MOREAU le jeune

424 — Couronnement de Voltaire sur la scène du
Théâtre français, par Gaucher.

> Très belle épreuve avant que les Armes de la marquise
> de Villette aient été effacées.

425 — En-têtes de pages, pour la *Description du mau-
solée érigé à Saint-Denis, pour les obsèques de
Louis XV*, in-8.

> 2 pièces, très belles épreuves, tirées hors texte, grandes
> marges. — Plus un frontispice pour *le Nouveau Testament*
> à l'état d'eau-forte, in-4.

426 — Titre frontispice du *Tableau général de l'Empire ottoman*, in-fol. et in-8.

> 5 pièces dont quatre avant la lettre. — Plus 7 vignettes in-4 pour divers ouvrages, dont 5 avant la lettre.

427 — Vignette frontispice pour le *Journal d'un voyage en Savoie* en 1804 et 1805, par Henri de La Bédoyère (861), in-8.

> Epreuve en deux états : avant la lettre et eau-forte pure, toutes marges. — Plus 1 en-tête de Moreau pour *mes Passe-Temps*, par Jean-Et. Despréaux (485), épreuve tirée hors texte, grandes marges.

428 — Le duc de Choiseul, in-8.

> 8 épreuves dont 2 coloriées.

429 — Suite de 2 figures, pour *Marc Antonin* — Suite de 2 figures, pour *Phocion*, in-4.

> 9 pièces, dont 4 avant la lettre, 4 avec la lettre et une à l'eau-forte pure.

430 — Vignettes, pour les Œuvres de Boileau, Gessner, Gresset, La Fontaine, Legrand d'Aussy, Voltaire et autres, in-8 et in-12.

> 114 pièces, la plus grande partie avant la lettre, à grandes marges.

431 — Vignettes et en-têtes tirées de différents ouvrages, in-4.

> 31 pièces dont 11 avant la lettre et 17 à l'eau-forte pure.

MOREAU (le Jeune)

432 — Fleurons et en-têtes.

27 pièces en tirage hors texte, dont 9 à l'eau-forte pure.

433 — Vignettes diverses.

19 pièces à l'eau-forte pure.

MOREAU et LÉPICIÉ

434 — Figures de l'*Histoire de France*, in-4.

158 pièces (manquent 9 figures).

MYRIS (de)

435 — Figures de l'*Histoire romaine*, in-4.

96 pièces en livraisons (au lieu de 108). — Plus 48 en double, toutes marges.

NATTIER et COTELLE

436 — Compositions tirées de l'*Enéide* de Virgile, in-fol.

8 pièces, très belles épreuves.

PAS (Crispin de)

437 — Portraits divers.

60 pièces.

PICART (Bernard)

438 — Son portrait par divers graveurs. — Portraits
de Mézeray, Louis XIV, Richelieu, Mazarin,
Cromwell, Ruyter, le prince d'Orange, Saint
Philippe de Néri, Jean Hus, etc.

> 56 pièces.

439 — Sujets mythologiques et autres.

> 50 pièces dont plusieurs avant la lettre.

440 — Frontispices et culs-de-lampe.

> 32 pièces.

POMPADOUR (Mme de)

441 — Collection des pierres gravées, d'après Guay,
in-8.

> 20 pièces.

PRUDHON (d'après)

442 — La Grotte. — Abrocome et Anzia. — Daphnis
et Chloé.

> 4 pièces dont 3 avant la lettre.

QUÉVERDO (d'après)

443 — Les Charmes du Printemps. — Les Agréments
de l'Eté. — Les Plaisirs de l'Automne. — Les
Amusements de l'Hyver ; par Dambrun, in-4.

> Suite de 4 pièces, très belles épreuves, toutes marges.

SAINT-AUBIN (Aug. de)

444 — Portrait de C.-N. Cochin, d'après lui-même, in-4.

> Très belle épreuve avant toutes lettres, la tablette blanche.

445 — Portraits de Gessner et de Gresset, in-12.

> 3 pièces dont deux avant la lettre, toutes marges.

446 — Louis XII, Henri IV et Louis XVI, d'après Sauvage, in-8.

> Epreuve avant la lettre, la tablette blanche.

447 — Portrait de Fénelon, in-4.

> 3 épreuves dont une avant la lettre, la tablette blanche. — Plus un autre par Delanaux avant la lettre.

448 — Portraits de la collection Renouard, in-8 et in-12.

> 20 pièces avant la lettre ou lettres grises.

449 — Portraits de la même suite.

> 36 pièces avec la lettre.

450 — Portraits divers.

> 20 pièces, dont plusieurs avant la lettre.

451 — Vénus Anadyomène, d'après le Titien.

> 3 épreuves dont 2 avant la bordure. — Plus une copie de plus grande dimension, avant toutes lettres.

452 — En-têtes et culs-de-lampe.

> 14 pièces tirées hors texte dont 4 à l'eau-forte pure.

SERGENT

453 — Sujets de l'Histoire de France, in-4.

6 pièces en couleurs.

SIMONNEAU et PRÉVOST

454 — Portrait de Turenne, en-tête de page. — La mort de Turenne.

3 pièces dont deux avant la lettre. — Plus : La mort du Chevalier d'Assas d'après Moreau le jeune.

TARDIEU (A.)

455 — Portraits de Huber, pour les Œuvres de Gessner, in-12.

16 épreuves avant toutes lettres et 2 avec la lettre.

TARDIEU (P. et A.)

456 — Portraits divers : partie de leur œuvre.

122 pièces, dont plusieurs avant la lettre.

TARDIEU et VAN SCHUPPEN

457 — Portrait de Mme Deshoulières, in-8.

3 pièces, très belles épreuves, dont une avant la lettre.

VUES

458 — Atlas du Tableau historique et pittoresque de Paris, 1827, in-4.

214 planches.

VUES

459 — Vues et plans de théâtres.

    80 pièces.

GRAVURES DIVERSES

460 — Gravures tirées de la Galerie du Palais-Royal.

    26 pièces.

461 — Estampes tirées de la Galerie de Florence.

    32 pièces à l'eau-forte pure.

462 — Estampes tirées du Cabinet Le Brun.

    42 pièces.

463 — Gravures diverses, anciennes.

    42 pièces.

464 — Portraits de Desrochers, Odieuvre et Mont-cornet.

    35 pièces.

465 — Portraits divers anciens.

    55 pièces.

466 — Saules pleureurs avec portraits figurés de Louis XVI et de sa famille.

    38 pièces avant et avec la lettre.

467 — Portraits de Pierre et Thomas Corneille, in-8.

    75 pièces, la plus grande partie avant la lettre ou à l'eau-forte pure.

468 — Portraits de Fénelon, in-8 et in-4.

33 pièces avant et avec la lettre.

469 — Jean de La Fontaine, in-8 et in-12.

39 pièces avant et avec la lettre.

470 — Portraits de Molière, in-8.

83 pièces, la plupart avant la lettre et à l'eau-forte pure.

471 — Jean Racine, in-8.

40 pièces, la plupart avant la lettre et à l'eau-forte.

472 — Portraits de J.-J. Rousseau et de Voltaire.

73 pièces avant et avec la lettre.

473 — Portraits d'auteurs et autres, modernes, in-8.

130 pièces avant la lettre et à l'eau-forte pure. Très beau lot.

474 — Imprimeurs.

16 pièces.

475 — Portraits modernes la plupart gravés à l'eau-forte.

33 pièces avant et avec la lettre.

476 — Frontispices du XVIIe siècle.

42 pièces.

477 — Frontispices du XVIIIe siècle.

69 pièces.

GRAVURES DIVERSES

478 — Vignettes de Duplessis-Bertaux, pour les *Petits Conteurs,* édition Leclère, in-18.

> 51 pièces tirées hors texte.

479 — Culs-de-lampe, pour les Contes de La Fontaine et en-têtes de pages.

> 30 pièces, réimpressions.

480 — Vignettes diverses anciennes.

> 74 pièces à l'eau-forte pure.

481 — Vignettes diverses.

> 78 pièces avant la lettre.

482 — Vignettes diverses.

> 80 pièces.

483 — Vignettes modernes en épreuves d'artiste.

> 27 pièces sur Japon et sur Hollande.

484 — Vignettes diverses, modernes.

> 64 pièces à l'eau-forte pure.

485 — Vues et Paysages.

> 80 pièces.

486 — Alphabets et écritures anciennes.

> Un lot.

PLANCHES GRAVÉES

487 — Les Métiers ; dix sujets sur 2 planches, par
Duplessis - Bertaux. — Portrait de L.-J.-B.
Vigée, d'après Rivière, par le même, in-8.

> 3 planches de cuivre.

488 — Suite de 18 vignettes à deux sur chaque planche, gravées par C.-N. Cochin, pour les Œuvres de Virgile, in-8. — Suite de 11 vignettes
de Coypel, gravées par Malbeste, pour l'*Iliade*
d'Homère, in-8.

> Ensemble 20 planches de cuivre.

489 — Suite complète de 5 portraits de Molière et de
sa troupe, par H.-A. Soleirol, publiés en
1858, in-8.

> 5 planches de cuivre.

490 — Portrait de Jeanne d'Arc, d'après un tableau
de la ville d'Orléans, gravé par Lemire, in-12.

> 1 planche de cuivre.

491 — Portraits d'auteurs : Crébillon, par Ingouf. —
Colardeau, d'après Voiriot. — Gessner, par
Saint-Aubin. — Sauvé de Lanoue, par Lit-
tret. — de Lattaignant, par Garand. — Ma-
rivaux, par Chenu. — Métastase, par Gau-

cher. — Palissot, par Poletnich. — Vadé,
sans noms d'artistes. — Ed. Young, par
Saint-Aubin, in-8.

    10 planches de cuivre.

492 — Portraits de Henri IV, par Lebert. — Très
petits médaillons de Louis XV et Henri IV,
par Le Mire. — Frédéric II, roi de Prusse,
chez Ponce. — Pierre-le-Grand, par Danzel.
Benjamin Franklin, par Maria Mion. —
Necker, par Saint-Aubin. — Le Kain, par
Baquoy, in-8 et in-12.

    7 planches de cuivre.

493 — Portraits, pour les éditions Cazin : Ninon de
Lenclos. — Sapho. — Méro. — De Reyrac.
Mlle Crozat, frontispice. — Hue de Miroménil,
par Anselin. — Marie-Antoinette et Mme Elisabeth, sur la même planche.

    7 planches de cuivre.

GRAVURES EN LOTS

494 — Sous ce numéro seront vendus par lots environ 20,000 gravures diverses, portraits et
vignettes, bristols et papiers neufs pour
chemises, ainsi que les portefeuilles de la
collection.

www.ingramcontent.com/pod-product-compliance
Ingram Content Group UK Ltd.
Pitfield, Milton Keynes, MK11 3LW, UK
UKHW031831170726
13836UKWH00004B/1618